AF260020

PÉTITION

A

Messieurs les Membres du Conseil municipal

DE LA VILLE DE LILLE

DEMANDE DE SUBVENTION

LILLE

Imprimé chez Alcan Levy, libraire, rue Basse, 54, coin de la rue Esquermoise,

1862

A MESSIEURS LES MEMBRES DU CONSEIL MUNICIPAL
DE LA VILLE DE LILLE

MESSIEURS,

En demandant au Directeur du Théâtre de Lille de faire jouer pendant la campagne 1862-1863 le Grand-Opéra et les autres genres lyriques et dramatiques et, en faisant de cette obligation une clause spéciale du traité intervenu le 31 décembre 1861 ; en exigeant surtout un cautionnement *huit fois* plus important que celui fixé précédemment, l'autorité municipale avait sans nul doute la pensée de proposer l'allocation d'un subside pour le Théâtre ; elle ne pouvait ignorer qu'il était matériellement impossible au Directeur de se passer de toute assistance pour faire jouer :

1° Le Grand-Opéra avec la dispendieuse mise en scène qu'il nécessite ;

2° Le Ballet chorégraphique ;

3° L'Opéra-Comique ;

4° L'Opérette ;

5° Et enfin les autres genres dramatiques.

L'Administration municipale, qui sait au jour le jour les recettes de son Théâtre, a dû se rendre compte de l'importante augmentation de frais à laquelle ces divers genres entraînent forcément l'exploitation théâtrale.

Il est donc évident pour tout personne qui raisonne que, si l'on veut voir l'entreprise arriver à bonne fin, il est indispensable qu'on lui vienne en aide.

L'Administration municipale nomme le Contrôleur en chef, faisant en même temps l'office de caissier et chargé d'opérer toutes les recettes et de payer les dépenses du théâtre ; elle a constaté d'une façon officielle l'importance exacte des ressources et des charges de l'entreprise pendant les trois dernières années (1859, 1860, 1861); et alors que le Directeur n'était tenu qu'à donner l'opéra-comique, la perte effective s'est élevée à 40,855 francs.

Voici les éléments de ces chiffres :

ANNÉE	RECETTES	DÉPENSES	BÉNÉFICE	PERTES	Observations.
1859-1680	201,345 30	221,653 20	» »	20,307 90	
1860-1861	230,609 20	230,080 95	528 25	» »	Cette somme a été absorbée par une dépense oubliée et qu'il a fallu payer.
1861-1862	229,859 45	250,386 55	» »	20,547 10	

Perte sèche . . . . 40,855 »

Tel est le triste résultat des trois années d'exploitation théâtrale avec l'opéra-comique seulement : *Quarante mille huit cent cinquante-cinq francs* de perte sèche !!!

Que sera-ce donc avec du Grand-Opéra et du Ballet ?

On ne peut admettre que le Théâtre de Lille reste condamné à végéter dans les conditions où il se trouve actuellement, alors que toutes les autres villes viennent au secours de leurs Directeurs.

L'autorité, protectrice née de tous les intérêts, ne saurait voir avec indifférence s'accomplir la ruine certaine du Directeur de son Théâtre, quand elle a sous les yeux la preuve irrécusable que depuis nombre d'années cette entreprise n'a produit que de la perte.

Toutes les villes, même les moins importantes, font des sacrifices pour soutenir leurs théâtres; seule, **la** ville de Lille n'en fait que d'illusoires, d'insignifiants, eu égard à son importance.

Marseille donne cette année à son Théâtre 200,000 francs.

Bordeaux	id.	144,000	—	et la salle gratis
Toulouse	id.	80,000	—	id.
Nantes	id.	80,000	—	id.
Strasbourg	id.	89,500	—	id.
Rouen	id.	60,000	—	*nets de toutes charges*

Toutes ces villes ont l'avantage de posséder deux et même trois salles de Théâtre, ce qui n'existe pas à Lille.

Saint-Etienne donne 22,000 francs.

1862
Ⓒ

Roubaix, à la porte de Lille, vient de voter 6,000 francs de subvention pour son **Théâtre**, dont l'ouverture va faire un tort immense à celui de Lille.

On pourrait citer encore de nombreux exemples et constater une fois de plus que Lille, ville de premier ordre, fait exception à la règle.

Qni veut la fin veut les moyens.

Lille tient à avoir : 1° le Grand-Opéra ; 2° le Ballet ; 3° l'Opéra-Comique ; 4° l'Opérette ; 5° et les autres genres, et c'est assurément une ambition justifiée par sa richesse, mais il faut qu'elle paie ses exigences.

Car, en définitif, l'allocation destinée au Théâtre n'est point une perte. Si cet argent sort de la caisse municipale, il rentre dans celle des contribuables de la ville même, puisque les recettes théâtrales, les appointements des artistes et employés sont toujours dépensés dans la ville même qui les fait vivre. N'est-ce pas d'une bonne administration que d'attirer le plus de monde possible aux représentations scéniques, et d'éloigner de cette manière les classes laborieuses du contact trop fréquent des cabarets et cantines?

A ce propos, permettez-moi, Messieurs, de mettre sous vos yeux quelques extraits de l'excellent et admirable rapport rédigé en 1833 par la Commission chargée par M. le Maire de Lille de rechercher les causes de la décadence du théâtre et des moyens d'y remédier ; cette Commission était composée de MM. Th. Lestiboudois, Bernos, Bigo, Bonte, Grodée, Secrétaire-Général de la Mairie de Lille, Dujardin, Dambricourt, Demessmay, Duvivier, Lorain, T. Herlin, Pascal, Revoire. Comte de Rouvroy, Tilloy et Verley, vos amis et contemporains.

Voici comment s'exprimait l'honorable M. Lestiboudois, alors membre du Conseil municipal de Lille, ancien Député, actuellement Conseiller d'Etat :

Le Théâtre et les spectacles considérés d'une manière générale nous paraissent UN BESOIN indestructible de la civilisation ; ils offrent de nobles distractions à l'esprit, ils communiquent de douces et fortes émotions à l'âme, et aussi ils agissent agréablement et puissamment sur les sens ; ils peuvent donc avoir à suivre des routes diverses, mais dans l'*ordre* de nos sociétés ils *doivent vivre*...

Certaines personnes regardent les spectacles comme un amusement sans conséquences désirables et veulent que ceux qui en jouissent les payent exclusivement. D'autres les jugent d'une utilité si grande qu'ils les veulent absolument et ne pèsent pas l'argent qu'ils coûtent ; ils ne comptent pas, ils exigent des sacrifices...

Dans un tel état de choses, dit l'honorable M. Th. Lestiboudois, au nom de la Commission, nous allons faire connaître notre profession de foi.

Nous croyons les spectacles grandement utiles : pour étayer cette opinion, nous nous appuyerons sur un fait unique mais décisif. Les représentations dramatiques sont incontestablement un élément d'instruction. Les discussions de la scène exercent l'esprit ; elles donnent l'éveil aux opérations mentales, fournissent des idées nouvelles, habituent à une existence intellectuelle. Le Théâtre concourt donc à l'éducation populaire ; c'est un moyen de civilisation et de perfectionnement ; il est une école. Il est évident que par son jugement, sa conduite, son intelligence, un peuple habitué aux spectacles ne ressemble pas à celui qui s'enferme dans les cabarets. Fréquenter le Théâtre, c'est s'introduire dans un monde plus élevé ; comprendre les intérêts qui l'animent et participer aux discussions qui l'agitent, c'est vivre avec une société plus avancée, c'est fréquenter des hommes d'une intelligence supérieure, c'est s'instruire, en un mot, par l'habitude et le contact, même lorsque les pièces ont des défauts graves, car l'assemblée sait les redresser. Le spectacle donne donc au peuple ce dont il manque, la fréquentation d'une société plus instruite ; il détruit une des circonstances qui retardent le plus le progrès, l'obligation d'exister avec des hommes dont les facultés morales sont peu développées, le mode de vivre encore grossier ; il le transporte dans une atmosphère morale toute nouvelle. On détruit ainsi les effets d'une société illettrée dont il ne peut secouer la chaîne et dont l'influence est immense.

Qu'on ne nie pas sa puissance : c'est elle qui rend presque indélébiles les effets de l'éducation première, on garde d'une manière indestructible les pensées, les sentiments, les opinions de ceux avec qui on a constamment vécu.

Le Théâtre est donc utile ; il favorise, en réalité, le progrès des lumières. A ce titre, il mérite évidemment la sollicitude de l'Administration municipale. Nous ne sommes pas de ceux qui regardent le spectacle comme un plaisir sans résultats futurs, et qui disent *que ceux qui veulent le prendre le paient et le paient entièrement* ; nous voyons plus loin. Nous ne regardons pas comme bonne l'objection de ceux qui prétendent que le spectacle *n'existe que pour les riches*, qu'il ne profite pas au peuple parce qu'il n'est pas public et que l'entrée n'en est pas gratuite ; que, par conséquent, les deniers publics ne doivent pas être consacrés à soutenir le Théâtre. OBJECTION VAINE!!!!! Dans la question telle que nous l'envisageons, il ne s'agit de payer ni pour le *riche*, ni pour le *pauvre* ; on reconnaît l'UTILITÉ DU SPECTACLE, on désire engager TOUTES LES CLASSES à le fréquenter : on souhaite que les ouvriers consacrent à ce genre d'amusement une partie de la somme qu'ils réservent au plaisir. Pour cela, *il FAUT que le Théâtre EXISTE* ; il faut donc, s'il se peut, que l'Administration travaille à lui donner les conditions d'existence.

En principe, nous pensons donc que le Théâtre doit obtenir des secours quand il en a besoin et qu'on peut lui en accorder.

La musique a fait en France des progrès remarquables, sa savante harmonie est d'une recherche dont n'approchent pas les anciennes partitions, et le public plus exercé est plus avide des sensations qu'elle procure. Rien n'égale la suavité de nos *Ballets*, et l'art des décorations jette dans l'étonnement ceux qui sont appelés à en apprécier les merveilleux effets. Le public ne trouve point là assoupissement et dégradation, mais éclat et vigueur...

Ne dirait-on pas, Messieurs, qu'au lieu de dater de 1833, cet admirable rapport semble avoir été fait hier?

M. Lestiboudois continue ainsi :

On va chercher au Théâtre les contrastes de la vie commune; sous le terrible règne de la Convention, on demandait à la scène des pastorales, les émotions profondes étaient malheureusement dans la vie réelle. Aujourd'hui les mœurs politiques sont d'une indulgence complète, la vie sociale est douce, les événements les plus extraordinaires, les catastrophes les plus imprévues nous laissent impassibles, nous n'avons plus de sensibilité pour les crimes révolutionnaires.......

...... Les *choses* politiques ne sont plus que des *affaires*, et on va demander des émotions au Théâtre...

La nouveauté est le plus grand élément de succès du Théâtre : il s'agit de plaisir, la nouveauté en est la condition première. Les jouissances les plus vives deviennent insipides quand elles ne sont pas souvent renouvelées...

On a voulu, dans les grandes villes, une troupe jouant *tous les genres*, notamment l'opéra d'une manière *spéciale et permanente*. Or, DE NOS JOURS, UN OPÉRA PERMANENT NE PEUT COUVRIR SES FRAIS, parce qu'il ne peut satisfaire entièrement à la première des conditions d'existence, *la nouveauté!* Il doit ruiner les directeurs, par les frais immenses qu'il nécessite. Autrefois les opéras, œuvres légères, se renouvelaient sans cesse, et les directeurs pouvaient prendre tous ceux qu'on créait : *Œdipe, la Vestale, le Tableau parlant, les Rendez-vous bourgeois;* presque tous les acteurs pouvaient chanter le plus grand nombre des opéras, les mêmes comédiens jouaient en même temps dans la comédie et l'opéra, chacun pouvait pour ainsi dire embrasser l'art tout entier, les opéras se montaient à peu de frais, les partitions étaient peu importantes, les costumes presque toujours les mêmes et les décors peu variés, un salon et un jardin, c'est presque à cela qu'ils se bornaient. Peu d'études et peu de frais. Les opéras d'alors pouvaient facilement se succéder les uns aux autres.

On était assuré d'une variété, les théâtres prospéraient.

Aujourd'hui, une révolution complète s'est accomplie : *les opéras sont des œuvres immenses;* on en fait peu, car il faut un talent d'une grande étendue pour tenter une pareille entreprise et réussir.

Les décors, les partitions, les costumes coûtent des sommes fabuleuses.

Les chanteurs exigent des appointements considérables et, en outre, ils sont fort rares ; aujourd'hui que tant de carrières sont ouvertes à tout le monde, on se dévoue difficilement au désagréable métier de comédien.

Ce que disait l'honorable M. Th. Lestiboudois en 1833 sur la cherté des comédiens et des chanteurs, n'a fait, Messieurs, qu'empirer de nos jours, et pour vous le prouver, je n'ai qu'à mettre sous vos yeux le budget théâtral de l'année 1862-1863, qui est logiquement de beaucoup supérieur à celui des années précédentes; voici à peu de chose près la situation réelle par chiffres comparatifs avec celui de 1861-62 :

SERVICES.	BUDGET	
	1861-62 —	1862-63
Administration	1,640 »	2,550 »
Orchestre.	3,920 »	4,508 »
Machinistes et garçons	837 »	1,000 »
Artistes	13,462 »	15,155 (*)
Ballet.	» »	2,440 »
Choristes.	2,627 »	2,690 (**)
Frais de soirées	2,680 »	3,000 »
Frais généraux	2,000 »	3,000 »
Frais imprévus	500 »	1,000 »
	27,666 »	35,343 »
		27,666 »
27,666 francs à défalquer de 35,343. Reste 7677 comme augmentation de dépense mensuelle, ci.		7,677 »

(*) Plusieurs artistes étant tombés en septembre, il a fallu les remplacer, notamment le fort ténor par M. Wicart, qui reçoit 468 fr. par représentation, ou 30,000 fr. pour huit mois, au lieu de 160 fr. qu'avait son prédécesseur ; et la chanteuse légère actuelle, 350 fr. par représentation, au lieu de 200 fr. qu'avait Mlle Poussèze.

(**) Il a fallu également et forcément augmenter le cadre des Chœurs pour le Grand-Opéra qui oblige à des masses chorales plus importantes que dans l'Opéra-Comique.

Il y a donc, en 1863, 7,677 francs de frais par mois de plus que les années précédentes, soit pour neuf mois d'exploitation. . . . . ci.   69,093 fr.

Ou une dépense de 318,187 fr. pour une saison d'exploitation.   318,187

Si je mets en regard de ce chiffre la moyenne des recettes des trois dernières années. . .   220,597   95

Cela constituerait donc la Direction en perte de.   97,589   05

Voilà la situation !

Cependant, il est juste de faire entrer en ligne de compte l'augmentation éventuelle de recettes que le grand opéra devra faire ; mais il est assez difficile d'en apprécier le chiffre exact, surtout quand on met en regard la concurrence sérieuse et certaine que va faire au théâtre de Lille la réouverture du théâtre de Roubaix avec un subside municipal.

L'Administration municipale de cette ville a parfaitement compris qu'il lui fallait, par tous les moyens possibles, arrêter l'émigration quotidienne de ses habitants qui, prenant pour prétexte les représentations du théâtre de Lille, venaient dépenser leur argent dans cette dernière ville.

Vous le voyez, Messieurs, de ce côté encore va subsister une perte réelle pour le théâtre de Lille, perte qui a besoin d'être compensée.

Si le Conseil municipal de Lille veut que le théâtre soit élevé au rang qu'il doit occuper, en raison de la grande importance que prend cette cité, et surtout en raison du goût artistique de ses habitants, goût qui s'est manifesté récemment dans le magnifique concours musical dont tous les journaux, tant en France qu'à l'étranger, ont vanté la splendeur, ne faut-il pas qu'en tenant compte des prétentions toujours croissantes des artistes, l'on donne la possibilité à l'exploitation de lutter sans trop de désavantage avec les Directeurs des Théâtres d'autres villes où l'on accorde des subventions qui permettent de ne pas marchander les artistes de talent et de satisfaire par la splendeur des mises en scène les goûts luxueux qui distinguent cette époque et surtout la ville de Lille.

Pour les raisons que j'ai eu l'honneur de vous déduire, Messieurs, je viens solliciter du Conseil une subvention qui sera spécialement affectée au paiement des artistes de tous genres du théâtre de Lille, paiements qui seront justifiés mensuellement à l'autorité municipale.

Je le dis avec conviction, Messieurs, que sans un subside le théâtre de Lille, avec tous les genres que l'on exige, est impossible et ne produirait que ruine et misère pour l'entrepreneur.

> J'ai l'honneur d'être, avec le plus profond respect,
>
> Messieurs,
>
> Votre très obéissant serviteur,
>
> SIMON LÉVY.

OBSERVATIONS

SUR LA

Pétition adressée au Conseil Municipal,

PAR M. SIMON LÉVY;

Directeur du Théâtre de Lille.

(Novembre 1862).

Dis ce que tu dois, advienne
que pourra....

Quelques passages de la Pétition de M. Lévy.

    « *En demandant au Directeur du Théâtre de*
» *Lille de faire jouer pendant la campagne de*
» *1862-1863, le Grand-Opéra et les autres genres*
» *lyriques et dramatiques, et, en faisant de cette*
» *obligation une clause spéciale du traité intervenu*
» *le 31 décembre 1861 ;*

« *en exigeant surtout un cautionnement* huit fois
» *plus important que celui fixé précédemment (1),*
» *l'autorité municipale avait sans nul doute la*
» *pensée de proposer l'allocation d'un subside*
» *pour le Théâtre ; elle ne pouvait ignorer qu'il*
» *était matériellement impossible au Directeur de*
» *se passer de toute assistance.*
           (Page 1.re de la pétition.)

---

*L'Administration municipale, qui sait au jour le
jour les recettes de son Théâtre, a dû se rendre
compte de l'importante augmentation de frais à
laquelle ces divers genres entraînent forcément
l'exploitation théâtrale.*
           (Page 1.re de la pétition.)

---

*L'Administration municipale nomme le Contrôleur
en chef, faisant en même temps l'office de caissier et chargé d'opérer toutes les recettes et de
payer les dépenses du théâtre ; elle a constaté
d'une façon officielle l'importance exacte des ressources et des charges de l'entreprise.*
           (Page 1.re de la pétition.)

---

(1) **Probablement** 18,000 fr., car le cautionnement a jusqu'ici été de
6,000 fr.

Observations sur la Pétition de M. Lévy.

    Nous pensons que l'Administration municipale doit être blessée des intentions qu'on lui impute et de l'arrière-pensée qu'on lui suppose dans ces quelques lignes.... Nous bornerons là notre observation, par respect pour nos magistrats dont le pétitionnaire semble, par irréflexion sans doute, méconnaître le caractère.

    Nous ne pouvons qu'applaudir à la sage et prudente mesure adoptée par M. le Maire.

    Cette mesure, loin de nuire à M. Lévy, n'a pu servir que ses intérêts, en éloignant cette espèce d'étourneaux n'offrant pas comme lui, toutes les garanties désirables.

    Dans tous les cas, à qui devrait-il s'en prendre, si ce n'est à lui, le réclamant, de s'être mêlé à ces étourneaux et de les avoir même dépassés par son imprévoyance, s'il était vrai qu'il fut matériellement impossible au directeur de se passer d'assistance.

    Mais non, quand il a signé les engagements qu'il a pris, il savait très-bien qu'ils produiraient autre chose que *ruine et misère*.

    Nous adopterions le raisonnement de M. Lévy, si nous pensions que ce qu'il avance soit exact. Mais l'administration, comme nous, a jugé qu'il était bien de ne regarder les renseignements journaliers qui lui sont adressés que comme très-incomplets, et qu'il n'y avait pas lieu de s'y arrêter pour en faire la base d'un cahier de charges. Ce que nous allons faire remarquer dans l'observation suivante, donnera plus de consistance, ou si l'on veut, expliquera mieux notre pensée.

    Je ne puis croire que l'Administration municipale ait eu connaissance que le contrôleur nommé par elle, fut en même temps le caissier chargé d'opérer toutes les recettes et de payer les dépenses du Théâtre ; car, s'il en était ainsi, elle aurait commis une erreur administrative.

    En effet, ces deux fonctions de contrôleur et de receveur sont incompatibles ; car nul ne peut servir deux maîtres. Si l'Administration permettait au contrôleur nommé par elle, d'être en même temps, l'homme du Directeur, elle ferait chose anormale et elle assumerait sur elle l'obligation de réparer envers les intéressés, les er-

Suite des quelques passages de la Pétition de M. Lévy.

⁂

Le tableau des recettes et des dépenses pendant les années 1859-1860, 1860-1861 et 1861-1862 ont constaté, dit M. le Directeur, un déficit, en moyenne, de 13,618 fr. par année.

(Page 1.ʳᵉ de la pétition.)

« *Toutes les villes, même les moins importantes,* » *font des sacrifices pour soutenir leurs théâtres ;* » *seule, la ville de Lille n'en fait que* d'illusoires et » d'insignifiants, *eu égard à son importance.*

(Page 1.ʳᵉ de la pétition.)

Suite des Observations sur la Pétition de M. Lévy.

reurs ou les malversations que son agent aurait pu commettre en sa qualité de caissier.

En portant cette circonstance à la connaissance du public, n'avez-vous pas craint, M. Lévy, de le confirmer dans la pensée que les chiffres qui sont présentés chaque jour à M. le Maire, ont été à l'avance, facilement et habilement alignés pour les besoins de votre cause?

Ce tableau ne portera la conviction dans l'esprit d'aucune des personnes connaissant les sinuosités du labyrinthe administratif d'une entreprise théâtrale.

Vous-même, M. Simon Lévy, vous ne croyez pas à la vérité de ces chiffres, puisqu'ils n'ont point arrêté votre main, lorsque vous avez signé, avec bonheur, assure-t-on, l'engagement que vous avez contracté librement en décembre dernier.

Vous vous calomniez, la chose est sûre, en laissant croire que vous vous êtes trompé, en acceptant les conditions qui vous ont été imposées par l'Administration. Vous, vous tromper, vous, homme d'expérience, vous qui, depuis une huitaine d'années, avez été tour-à-tour, commanditaire ou commandité, puis associé ou personnellement directeur, vous qui, enfin, en accusant toujours des pertes, avez arrondi votre fortune, au point de pouvoir offrir 48,000 fr. de cautionnement. Vous vous calomniez, nous l'affirmons, et tout le monde sera de notre avis, car votre intelligence, n'est pas plus mise en doute, que votre activité, et les ressources de votre esprit.

Voici le tableau des sacrifices faits par Lille, le lecteur jugera si ces sacrifices sont ILLUSOIRES, s'ils sont INSIGNIFIANTS, comme l'affirme notre très-capable Directeur.

État des sacrifices faits par la ville pour le Théâtre qu'elle entretient (1).

* Solde des frais d'éclairage	358	61
* Assurance	5,956	»
à Reporter	6,314	61

(1) Les articles précédés d'un astérisque sont extraits du compte d'Administration du Maire pour 1859 ; nous n'en avions pas d'autres à notre disposition. Les autres articles dépendent d'une évaluation qu'on croit exacte et qu'il serait facile de vérifier.

Suite des quelques passages de la Pétition de M. Lévy.

Suite des Observations sur la Pétition de M. Lévy.

Report. . .	6,314	61
* Travaux extraordinaires d'entretien.	14,999	90
* Dépenses **extra**ordinaires. . .	22,208	61

Evaluation des sacrifices ne figurant pas au budget.

Intérêts des sommes employées pour désintéresser les actionnaires – propriétaires de l'ancienne salle et pour les dépenses de la reconstruction de cette salle (environ 800,000 fr.) y compris le fonds d'amortissement (1)	40,000	

Exonération de la très-grande partie du droit des pauvres (pour laquelle la ville indemnise les établissements charitables) calculé sur une recette probable de 300,000 fr., y comprenant ce que le Directeur perçoit des troupes étrangères qui viennent en représentation pendant l'été , ce qui porte le droit exigible à 30,000. — Comme le Directeur ne paie pour toute l'année que 2,500 fr., compris une représentation assurée pour 500 fr. , l'exonération dont la ville se charge est de. . **27,500 00**

Evaluation des sommes payées pour contributions foncières , etc. . **1,000 00**

Pour intérêts des sommes employées pour rachats de livres, partitions, décors, costumes et autres objets mobiliers payés à divers et notamment aux Directeurs qui quittaient la ville , et dont la jouissance est accordée *gratis* aux directeurs exploitants. Tous ces objets estimés valoir aujourd'hui 5,000 fr. **250 00**

Total. . .	112,273	12

C'est ce total des sacrifices faits par la ville pour

---

(1) La salle de spectacle actuelle a été construite et reconstruite en moins de soixante-dix ans. Combien durera celle-ci? En portant l'amortissement du prix qu'elle a coûté à 3/4 pour cent, c'est lui supposer une durée qu'elle ne saurait atteindre.

Suite des quelques passages de la Pétition de M. Lévy

M. Lévy nous apprend la quotité des avantages assurés par les plus grandes villes de la France. Il traduit l'importance en chiffres ronds, dans lesquels il dit ne pas faire entrer le loyer de la salle.

D'après lui, les directeurs des Théâtres de Toulouse et Nantes recevraient chacun 80,000 fr. ; il serait accordé à celui de Strasbourg une somme plus importante.

(Page 1.re de la pétition).

« *Roubaix vote 6,000 fr. de subvention pour son* » *théâtre dont la réouverture va faire une concur-* » *rence sérieuse et certaine à celui de Lille.*

M. Lévy remplit presqu'en entier les deuxième et troisième pages de sa pétition, des motifs donnés par le rapporteur d'une commission chargée par le conseil municipal, en 1833, d'examiner si, dans l'état où se trouvait alors notre théâtre, il n'y avait pas lieu de venir en aide à la direction, soit par une subvention, soit en augmentant les recettes, par tout autre moyen.

Suite des Observations sur la Pétition de Mr Lévy

---

le Théâtre, s'élevant à 112,273 fr. 12 cent., que M. Lévy appelle *illusoires et insignifiants*.

NOTA. En dehors des sacrifices de la ville, la loi autorise le directeur à percevoir 20 % de la recette brute opérée par les spectacles forains, les bals masqués, etc., ce qui ne lui rapporte pas moins de 6,000 fr. — Infortuné directeur!!!

Nous apprécierions les chiffres donnés par le pétitionnaire, si nous en connaissions les éléments ; mais, M. Lévy a oublié, bien involontairement sans doute, de nous apprendre si les villes qu'il cite se chargent de toutes les dépenses que nous avons indiquées dans l'état des sacrifices faits par notre ville pour maintenir son théâtre. Nous désirons et nous espérons que l'administration voudra bien, si elle ne l'a déjà fait, se procurer ces renseignements, pour l'entière édification de ses administrés en général, et pour les membres du conseil en particulier.

Quoi! le théâtre naissant et sans prétentions de la ville de Roubaix, à cause d'une subvention de 6,000 fr., qui vient de lui être accordée, va faire une concurrence sérieuse à celui de Lille ?... Nous n'avons pas le courage de qualifier cette facétie (1).

Nous avons partagé dans le temps et nous partagerions encore l'opinion émise par l'honorable rapporteur, cité par M. Lévy, si les circonstances, si les positions de notre Théâtre étaient les mêmes.

M. Lévy aurait dû, selon nous, compléter ses renseignements en nous donnant connaissance de la décision du conseil devant lequel ce rapport était fait. Nous allons suppléer, autant que notre mémoire nous le permettra, à cette omission bien involontaire de sa part, du moins nous sommes disposé à le croire ainsi :

Le principe d'une subvention fut repoussé, ainsi qu'on l'a toujours fait depuis, comme un fâcheux précédent. L'on s'occupa de la reconstruction et de l'agrandissement de la salle, on

---

(1) Roubaix compte aujourd'hui, compris sa population flottante, 66,513 habitants, près de la moitié du nombre constaté pour Lille, par le dernier recensement. Peut-on comparer les sacrifices que fait la ville de Roubaix, pour son théâtre, avec ceux faits par Lille, eu égard à l'importance relative de chacune de ces deux communes, sans reconnnaître que cette dernière ville se montre plus généreuse envers le directeur de son théâtre.

Suite des quelques passages de la Pétition de M. Lévy.

A la fin de la troisième page de sa pétition, M. Lévy donne des chiffres comparatifs des dépenses prévues pour 1861-1862 et 1862-1863.

M. Lévy dit dans la 1.re note de la troisième page de sa pétition :

« Plusieurs artistes étant tombés en septembre,
» il a fallu les remplacer, notamment le fort ténor
» qui reçoit 30,000 fr. pour huit mois (soit 45,000
» fr. pour un an).

Suite des Observations sur la Pétition de M. Lévy.

augmenta le nombre des décors, aux frais de la ville, on éleva le prix des places, etc., etc., mais on n'alla point jusqu'à payer l'éclairage, ni à faire entièrement tous les sacrifices que la ville a successivement consentis depuis lors.

Ce qu'il n'est pas inutile de constater, c'est que les sacrifices, illusoires et insignifiants, selon M. Lévy, que la ville a consentis, n'a fait qu'accroître les exigences des Directeurs et des artistes, en même temps que celle du public, sans apporter aucune des améliorations qu'on attendait de ces sacrifices énormes.

Nous n'avons point à examiner ces chiffres, qui ne peuvent être que fictifs pour 1862-63, et ils ne sauraient d'ailleurs rien changer à la position personnelle, librement acceptée par le directeur actuel.

Nous prendrons la liberté grande de faire remarquer au réclamant, que chaque année, il y a des chutes et des remplacements d'acteurs, que jamais il n'est entré dans la pensée de ses devanciers de rien réclamer contre cette éventualité, véritable charge de l'entreprise ; ils ont toujours compris qu'ils devaient supporter les conséquences d'un choix que le public n'approuvait pas.

Dans tous les cas, que penser de cette résolution immédiatement prise de remplacer deux acteurs recevant ensemble 360 fr. par représentation par deux autres auxquels on déclare donner 818 fr. également par représentation, quand les abonnés ou habitués du théâtre n'étaient pas en droit d'exiger ce sacrifice du Directeur ? En payant aussi cher à Lille, un acteur, vous encouragez ses exigences, et, si cela continuait, on se verrait forcé de rayer du répertoire toutes les pièces qui nécessiteraient le concours d'un fort ténor.

Si nous nous en rapportions aux bruits publics, un bon nombre d'amateurs sérieux voulaient accepter les deux artistes tombés, les jugeant capables de remplir leur emploi sur la scène lilloise ; mais le Directeur et ses nombreux adhérents, tous désintéressés dans la question, comme chacun sait (1).... n'ont pas partagé leur juge-

(1) Un journal de la localité a annoncé que le jour où les deux artistes ont succombé, il avait été constaté que le bordereau de la recette officielle n'avait pas accusé le tiers de la somme qui aurait été obtenue, si tous les spectateurs présents avaient payé leur entrée : qu'on tire la conséquence qu'on voudra de cet incident.

Suite des quelques passages de la Pétition de M. Lévy.

M. Lévy termine sa pétition par ces mots prophétiques :
> *Je le dis avec conviction, que sans subside, le*
> *Théâtre de Lille ne produira que ruine et misère*
> *pour l'entrepreneur.*

Suite des Observations sur la Pétition de M. Lévy.

---

ment. Nous venons de soulever un coin du voile qui couvre un mystère, que d'autres le lèvent tout entier! Si cela arrive, on prétend que beaucoup d'intrigues seront mises au jour.

Cette conviction vous arrive bien tardivement, M. le Directeur privilégié, puisque, aujourd'hui, l'Administration ni le Conseil ne pourraient, sans donner lieu à beaucoup de commentaires qu'il convient d'éviter, vous exempter de l'obligation de remplir les engagements que vous avez librement contractés et que le ministre a approuvés.

Si vous manquiez à ces engagements, il y aurait droit et justice de déclarer qu'il sera fait usage de votre cautionnement pour réparer le tort que votre folle entreprise aura fait à la caisse municipale (1).

---

(1) L'usage, le respect dû aux transactions, la loi comme la justice veulent l'application des principes que nous n'avons voulu que rappeler.

Observations en dehors de celles faites sur quelques passages de la Pétition de M. Lévy.

Nous laissons à d'autres le soin de démontrer l'inopportunité du surcroît de dépenses dont on chargerait notre budget, alors qu'on réclame vainement, quoique justement, la création de nouvelles écoles et de nouveaux asiles, ainsi que l'exécution des percements décidés et attendus depuis trop longtemps, et dont l'urgence a été reconnue, pour l'assainissement des quartiers dont l'insalubrité décime chaque année notre population ouvrière.

Nous laissons encore à d'autres la tache de rechercher les moyens de faire payer les plaisirs par ceux qui les réclament avec insistance, et à ne pas faire peser sur ceux qui se contentent sagement du *bien*, les dépenses qu'occasionnerait la satisfaction donnée à ceux qui prétendent à un *mieux* très-difficile à obtenir.

Nous le répétons, il y a danger à vouloir satisfaire, tout à la fois, les artistes, le public, et surtout les directeurs qui ont parfois prouvé combien ils connaissaient l'élasticité des chiffres, et surtout, l'art de les grouper afin de justifier leurs prétentions.

Un membre du Conseil Municipal en 1833.

(Lille, imp. de Blocquel)